FUSIL DE LETRAS

FERNANDO MOLINA CUBERO

FUSIL DE LETRAS

EXLIBRIC
ANTEQUERA 2023

FUSIL DE LETRAS

Diseño de portada: Dpto. de Diseño Gráfico Exlibric

Iª edición

Editado por: ExLibric
c/ Cueva de Viera, 2, Local 3
Centro Negocios CADI
29200 Antequera (Málaga)
Teléfono: 952 70 60 04
Fax: 952 84 55 03
Correo electrónico: exlibric@exlibric.com
Internet: www.exlibric.com

ISBN: 978-84-10076-04-4
Depósito Legal: MA 1402-2023

Nota de la editorial: ExLibric pertenece a Innovación y Cualificación S. L.

FERNANDO MOLINA CUBERO

FUSIL DE LETRAS

Prólogo

En un mundo donde las palabras a menudo se pierden en el tumulto de la vida diaria, emerge *Fusil de letras*, una obra que nos recuerda el poder evocador y sanador de las palabras. Escrito por Fernando Molina Cubero, este libro es un refugio para el alma, un espacio donde las emociones no sólo se expresan, sino que también se celebran en toda su complejidad y profundidad.

En esta colección, cada poema y prosa poética es un testimonio del intrincado tejido de sentimientos que conforman la experiencia humana. Desde el amor efímero que surge a primera vista hasta la profunda admiración por figuras icónicas como Picasso, Molina Cubero, nos invita a un viaje introspectivo, explorando las diferentes facetas del corazón humano. Sus versos, profusos en imágenes y simbolismo, pintan paisajes emocionales que resonarán en el lector mucho después de haber cerrado el libro.

Más allá de ser una simple colección de poemas, *Fusil de letras* es una odisea emocional, un viaje que comienza en los recovecos más íntimos de nuestra psique y nos lleva a través de paisajes vastos y variados de sentimientos y reflexiones.

A través de sus palabras, el autor nos muestra que, a pesar de las adversidades y desafíos de la vida, siempre hay belleza y significado en los momentos más simples y cotidianos. La poesía tiene el poder único de conectar almas, de trascender barreras y de unirnos en una experiencia compartida.

Al sumergirse en sus páginas, el lector no sólo descubrirá el buen hacer de Molina Cubero como poeta, sino también la universalidad de las emociones que nos unen a todos, con independencia de nuestro origen o circunstancias.

En esta obra, la poesía se convierte en un puente, uniendo corazones y mentes en un diálogo silencioso pero profundo. Es una celebración del arte, la vida y el amor, y un recordatorio de que, en medio del caos de la vida moderna, siempre hay un espacio para la reflexión, la belleza y la conexión humana.

Bienvenidos a *Fusil de letras*, una obra que, además de leerse, se siente y se vive.

Carlos Torres
Director editorial de ExLibric

¿DÓNDE ESTARÁ?

Ovillejo

¿Por qué no sale mi niña?
Mi niña…
¿Por qué esconde su espíritu?
¿Por qué tú?
Al ser el candor que muero,
¡te quiero!
¡No te escondas! Mi lucero,
me tienes enamorado,
vences mi batalla atado.
No olvides, niña, ¡te quiero!

Sientes versos que te llaman,
reclaman
tu presencia de mi calma,
de mi alma,
Oh, dolor que embiste lucha,
muchacha,
transparente, fría escarcha,
que dominas mi latido,
¿no ves que estoy perdido
en camino que se estrecha?

Hermosa entre las mujeres
y flores.
Persistente, buscándote
¡por verte!
No te quejes mi vida, ¡no!
¡Eterno!
es el amor de un infierno,
donde tu resplandor luce
apresado por tu roce.
¡Me rindo! Dulce veneno.

Amigo Picasso

Poema libre

Hombre sensacional que supo aguantar
fuertes tormentas de su destino triunfal,
gran artista que encontró la inmortalidad
atado a su cubismo de potencia mundial.

Boxeador de estudio, enfrentado a blancura
de los lienzos, con idea fija en su andadura,
un gran fenómeno que merece su despertar
al contemplar sus obras, que aún perduran.

Ay, amigo, sin descanso, que sigo tu camino,
y me he perdido en un cruce desconocido.
Oh, sublime Picasso, la poesía me ha vencido,
sin alejarme del óleo con el pincel a mi lado.

De tu locura salió la revolución cultural
que los españoles agradecemos sin olvidar;
tú, un guerrillero; yo, un sufridor en soledad
que te admira con escalofríos y amistad.

Respeto pensar que fuiste grande en galerías,
en los museos, como saliendo de la Maestranza
a hombros, danzando pañuelos toda Sevilla
con los aplausos de la gente, ofreciendo alegría.

TE NECESITO

Prosa poética

Te necesito, mi Dios, para seguir como guerrero guiado de vuestra mano, caminar en la batalla del bien y el mal, porque sin ti me veo indefenso e inseguro sin el cobijo de la fe. Sé que sin tu apoyo no puedo combatir con tanta falacia que intenta destruir la imagen de la verdad. Oh, salvador de los justos, libera a los que están perdidos en sus tinieblas y perdónalos, porque no saben lo que hacen. Ahora te reclamo exhausto y sangrando las heridas, para hacer justicia de las puñaladas traicioneras que quieren borrar mi destino.

Te necesito, para levantarme de nuevo de las trampas y zancadillas de la insaciable vileza del abuso hediondo, del poder político, de las obsesiones incontrolables que hacen daño sin control. Energúmenos que siempre están al acecho escondidos en su malicia, como perros sin dueño.

Aparta, mi Dios, las arpías de mi sendero, a ladrones de sentimientos y depredadores de mentes como diabólicos videntes que viven de los lelos; a los falsos profetas con colmillos afilados, lobos que sacian su sed de la inocencia e ignorancia de los corderos. Haz que mi voluntad sea la vuestra con el poder de la palabra, sanar con la bondad y desterrar la mentira que no tiene medida, ni razón de ser yendo de listo, sin ver más allá que la hipocresía de su destino.

En mi despertar tenga ante mí al hacedor que sufre por la paz y reza por sus enemigos, por mantener la creación del don concedido. Te necesito, como lluvia que alivia la tierra, como el corazón con sus latidos.

AMISTAD

Soneto libre endecasílabo

La amistad se mantiene con interés,
fantasmas que te eligen por lo que eres,
¡ya no existe! Si no tienes valores,
¡dime!, ¿la falsedad tiene colores?

Amistad…, en el campo con sus flores,
escuchar jilgueros con sus cantares
y notar libertad entre olivares,
meditar…, y rectificar errores.

¿Qué es la amistad? Piezas de motores,
la mujer que cuida con sus andares,
mostrando fidelidad con dolores.

¿Qué es la amistad? Fuerza de los mares,
de tierra y cielo, rayo de temblores
dando luz, repasando mis deberes.

AMOR A PRIMERA VISTA

Prosa poética

Cri, cri, cri, canta el grillo en la noche, despertando los sueños y dormita los amores. Yo tan solo veo el mismo sueño desde que la vi, tan linda y dulce que necesitaré ayuda psicológica para no caer en la locura: ojos como esmeraldas, con un cabello espectacular coronando su persona. Quién fuera abeja para polinizar su irresistible rostro, brisa para acariciar su cara con ternura y ave para ir a su vera, a sabiendas de que no habrá en Semana Santa una imagen tan bonita como ella, ni costaleros que mantengan el peso de su belleza, sin saeteros que puedan cantar su divina presencia, con la certeza de que no hay mares que cultiven y reflejen tan hermosa perla que surge por sí misma, mecida por las olas hasta la orilla.

Cri, cri, cri, me acompaña su melodía entre la claridad de luna callada y muda, sin poder evitar el amor a primera vista, que llega como relámpago y con un vigor que me vence nada más verla, quedando hipnotizado, paralizado ante lo anormal al ver cómo su aureola resplandece a su alrededor, una excelente aparición que renace al artista, dando ganas de escribir al verla tan lúcida y congratulada, sucumbido a sus pies. Ay, el amor, tan débil y, a la vez, tan fuerte, que puede mover los cimientos de la tierra.

¿Cómo puede un sol tan radiante que me deje perplejo y emprenda las ascuas de la vida? ¿Cómo puedo apagar el fuego si, cuando apareció, mi alma comenzó a arder en llamas? Mi mente se apagó de repente, sin poder ver nada, tan solo el resplandor de su mirada.

Cri, cri, cri, quedo dormido con su sonido, acurrucado a la almohada que seca mis lágrimas, meditabundo…, en que tan solo soy un triste poeta.

Oda al amor

Prosa poética

Pasar de largo y desapercibido sin decirle nada será un dolor perpetuo como mayor castigo, sin hallar perdón perdido en la oscuridad, haciéndome daño a mí mismo. ¿Qué puedo hacer, si estoy que no vivo, atado a un sentimiento que no encuentro alivio?

Que me claven los puñales de la mentira y envidia, si no es verdad que mi corazón late inquietante por el idilio de un querer, con un ardor abrasador que funde la pasión, quemando por dentro. Que me entierren en el olvido si no es el ser más maravilloso que jamás se ha visto. Venera una imagen divina suscitando magia que atrapa y abre las puertas de la imaginación, como velero que surca los cielos con el timón del viento, guiado por Dios. Gema en sus colores del alba despierta las ganas de vivir el amor que anhelo.

Ay, mi golondrina, que se transforma en blanca paloma y, cuando agita sus alas tan mullidas como algodón, tiembla la tierra, con garbo de realeza para coronar el altar de todos los reinos, porque lleva la dignidad con orgullo y pureza para mostrarla al mundo entero.

Ay de mí, pues poco a poco estoy feneciendo de melancolía sin poder verla, saber que debo continuar sin mirar hacia atrás, recordar sin querer que olvidar es una derrota moral y una victoria amarga para comenzar de nuevo.

Cuídate, bella aurora, conserva los aromas que te vio nacer de nardos y jazmín, menta y romero, porque, en verdad, te digo que eres el arancel que no tiene precio y llanto de mi lamento.

ÁNGEL DE LUZ

Prosa poética

Bendita sea la hora en que su madre la trajo a la vida llena de luz y alegría. En ese mismo momento, por la noche, se oscureció el cielo, escondiéndose la luna, sin que ninguna estrella ilumine, al saber que ha nacido un lucero que brillará más que ellas.

Sirena que cautiva los mares con su impresionante belleza; en la tierra, silvestre margarita con sus pétalos radiantes, que lloran gotas del rocío al amanecer y, al atardecer, cambia a los colores del crepúsculo, bailando al son del aire que la mueve suave, muy suave, tan extraordinaria flor que nunca he encontrado una fragancia que la sustituya en encanto, sencillez y dulzura.

Sufro la calma doliente del guerrero herido, sin querer ver ni oír lamento de desamparo que te lleva al caos, seguir con la fe que mantiene el orden de la vida, para mantener el espíritu de luchador en mi propia batalla ante los hipócritas que suman ignorancia como simples piedras en el camino, sin respeto alguno las mueven los pasos del tiempo. Seguir al ángel de luz que me lleve y me guíe entre su color celeste, con el dolor de no poder vivir si no la tengo presente, sin saber cómo parar los latidos que acelera la impaciencia.

Duerme, angelito, duerme, mientras el coro de ángeles te canta la nana con melodía celestial. Duerme, chiquita, duerme, pues nunca me cansaré de mecer la cuna del amor. Ay, lucerito lindo, sigue con el candor que muestras y que seas libre dando ejemplo de naturalidad, tan solemne como la misma naturaleza.

Ilumina, mi niña, como tan solo tú sabes y ofrece fulgor en mi bohemia, calor en mi soledad para que el frío no paralice el combate contra los que no entienden que he nacido escudado por la providencia, con transparencia de honestidad y dignidad.

Ay, cielito primoroso, siento la lluvia caer con frescor que traspasa la mente. Noto una sensación insuperable de apacible fricción, gozo supremo cuando comienzo y termino una obra magistral que nace para cultivar amistad y ofrecer satisfecho el don de poder crear.

Te fuiste

Prosa poética

Te fuiste y te llevaste mi alegría con tu sonrisa, apagando la fantasía, anclado en un lugar inhóspito donde no florecen las flores, ni el aire es saludable por culpa de la sombra maldita que no cesa de verme en derrota, como maldición de una desagradable bruja obsesionada, encerrada en demencia con tanta frialdad que tendrá congelada su alma totalmente furibunda; sobrepasa de arpía la horrenda maléfica.

Ay, Dios mío, líbrame del mal que siempre está al acecho, sin descansar; cuida allí donde esté la amazona que destaca en inteligencia y hermosura, porque con tan solo verla inició la bendita pasión de amor, queriéndola tener como mi hurí aquí en la tierra para abrazarla entre versos que llevan su nombre, y que viaje la poesía en todos los horizontes con un mensaje de intranquilidad, guardando en silencio un te quiero que me está matando, huyendo de la nostalgia.

Dioses del universo, si la veis, decidle que puedo morir de amor, pero a su vera, cogido de su mano, impregnado de su persona.

Quijote envistiendo al fracaso con su imagen cada instante en mi hazaña, dando fuerza para lidiar con gallardía en la batalla de los justos, que siembran justicia ante tanto enredo de la vileza

Cri, cri, cri, aún sigue cantando el grillo desde que te fuiste en la puerta de la esperanza, sin querer ahuyentarlo para mantenerte en mi memoria. No sé hasta cuándo podré sostener este querer sepulcral que me inclina a la tristeza de no poder tenerte como flor que nunca marchita, como lluvia que riega la tierra y alegra el cántico pasear de los ríos, alejados de los incrédulos que viven de la mentira, lejos, muy lejos del mal que camina al igual que se arrastra.

Oh, dioses, dejad que me libere de mi condena y dejadme amar hasta el fin de mis días este amor, que sin dudar moriría por ella. Hasta siempre, preciosidad. Seguiré indómita ante la barbarie que se desnuda sin tener vergüenza.

Camarón de la Isla

Prosa poética

Olé y olé, la savia del buen flamenco y embajador de los tablados, con duende de genio domina los cantes que revoluciona su poderío. Ay, torero de los cantes hondos con su capote mojado en vino, canta para ser el mejor, triunfa en las calles y en los más grandes escenarios del mundo al lado del gran guitarrista Tomatito, leal compañero que hace llorar a la guitarra al escuchar la voz del maestro de todos los estilos.

José Monge Cruz, ya no tienen los claveles la alegría desde que te fuiste; los rincones que te vieron nacer siguen reclamando tu presencia, quedando el eco de tus canciones y susurros que se han quedado de recuerdo, con añoranza de perder su tesoro más preciado, que con tu pena repartías armonía. Pienso que estarás al lado de la maestría de Paco de Lucía, unidos en la eternidad al lado de Dios, haciendo bailar a los ángeles con vestidos de lunares. Qué arte tan grande, al compás del aleluya, entre luz de gloria se siente en todo el universo.

Ay, Camarón, aún te sigue amando tu querida Estrella, valorando los hijos que le dejaste, semilla de elixir que esparce vuestro arte, orgullosos de tener sangre de reyes, de un gitano bien parido que desde pequeño llevaba genio y figura con poder supremo, ejemplo dejando huella como el canto del ruiseñor. Hasta siempre, amigo mío. Te seguimos con admiración y aprecio, porque dejas un legado único como persona, pero sobre todo como cantaor.

CAMPANADAS DE SILENCIO

Poema en lira

Aún tengo en mi mente
el sonido de la hora entrometida.
En manos de gigante
resalta presumida.
Campanero con el sueldo le cuida.

Sopla el aire del norte,
fresco aroma de flores anunciada;
de negro color fuerte
se viste la camada,
luto, corona y respeto adornada.

Sonido de repente,
campanas vibran, última cruzada,
pasos incandescentes,
lágrima derramada,
madera presente ante su fachada.

Campanas de muerte
anuncian descanso de su llegada;
le interrumpe la suerte,
tan, tan, tan embrujada.
Eco, en el olvido, de retirada.

CORNUDO

Poema libre

Toro, torito, toro, que presumes en la dehesa.
Cornudo orejón, que presumes de corbata.
Toro, torito, toro, ¿dónde está tu princesa?
Cornudo barrigón, a tus espaldas se escapa.

Caminas con orgullo y muy simplón.
Dime, tontorrón, si dejas algo que se llevó.
Caminas con carácter muy vacilón.
Dime, cabezón, ¿ella lleva el pantalón?

Vacilas en el bar de que eres el mejor,
y ella critica que eres el peor.
Vacilas en el bar como un emperador,
y ella critica que no tienes ni olor.

Presumes cuando bebes de tener la mujer en flor,
y él se la tira rabiosa, porque no le das calor.
Presumes cuando bebes de semental, lo peor,
y él se la tira rabiosa, porque no le das amor.

Te acuestas encornado sin calentar el sitio,
ella se tapa pensando que la has perdido.
Te levantas como tortuga con el cuello encogido,
ella amanece pensando en él, pedazo de cornudo.

Dictador y poder

Soneto

La guerra que manifiesta miseria,
líder que gobierna martirizando,
leales corruptos, poder y mando
que sacrifican llenos de injuria.

Les inculcan lucha de cacería
sin mostrar cariño, bomba acabando
muertos y como robot caminando,
manipulados por mala astucia.

Serpiente que arrastra con su malicia
a personas en horror y víctima,
juzgando sus destinos sin conciencia.

Oculto en el umbral de su lástima,
lazarillo de falsa profecía,
entre las tinieblas, se autoestima.

EDUCAR LA POLÍTICA

Soneto libre endecasílabo

Una caja de manzanas ofrecen,
buena cara sin hurgar la picada
como loca paloma, en la ensalada
picotean sin pensar, se abastecen;

corbata y chaqueta disimulada,
como ratones royendo aparecen.
Restos se aprovechan de la tirada,
cuatro años se aseguran la velada

sin cumplir lo que realmente ejercen.
Votar lo que garantía merecen
nos libera de bandidos en vida.

Dejen teatro, honrar lo que carecen,
entre todos lograr la paz unida,
atrapemos a los que se enriquecen.

El burro erótico

Romance

Me sale por el camino un potrillo
con cara de bonachón y juguetón.
Se vino hacia mí como perrito.
Acaricio su cara de tontorrón
y ríe con carácter presumido,
moviendo las orejas y rabito.
Luce sus grandes dientes relucidos,
decido darle nombre «Marcelino».
Le arreo y disfruta como borrico,
andares de semental y chulapo
da celos a los hombres con su paso,
siendo mimado hasta por los vecinos;
mi novia Margarita le presento
y el muy cachondo le tira un guiño,
le acaricia con su hocico en el brazo
mirándome resabiado y celoso;
parpadea y la mira enamorado,
le roza con la frente rebuznando.
Frío quedo al ver como Marcelino
se excitaba creciéndole su miembro.
Ella ríe ante el acontecimiento.
Me quedo bastante serio, le digo:
«¡Basta ya! ¡Basta ya con el calentón,
que te pareces a mi amigo arriero,
más salido que la mano de Colón!

Envidia

Poema en lira

Registro de la vida,
el puñal que presiona entrando recio,
daño acomoda y anida
envidia llena de ocio,
con su juego tenebroso, como vicio.

No soportan crecida,
sintiéndose baja sin tener precio
se vende presumida,
enreda en sabor rancio
con olor a jabato sin cansancio.

Neurona entrometida
se siente crecida como edificio,
de rumbo sin salida,
sin calor con su juicio,
llena de odio, critica sin espacio.

Se siente tan querida
que rompe y surge del mal en perjuicio.
La vergüenza perdida
asume maleficio,
tallo de hoja que nunca floreció

SANGRE DE VALENTÍA

Prosa poética

Oh, cómo me corre la sangre de artista que escribe con soltura lo que le da la gana, transmite a sus lectores lo que dicta su alma sincera sobre un sendero de incomprensión, encausando su propia prisión acompañado de imaginación, refugio aislado de lo escuálido y de gentuza que tan solo son hedor de la sociedad. ¿Cómo puede haber escritores que critiquen sin gracia, sin mirarse ellos primero? Escuetos de letras, les sobresale su repentina envidia, al ver lo que jamás podrán hacer con su aburrida trayectoria, sin tener sabiduría para regalar, ni la valentía de llevar la literatura a los tontos repletos de ignorancia. ¡Callad, incrédulos! Limpiaos la boca en generosidad sin perjudicar, y lavaos la conciencia, que no la debéis de tener limpia. ¿No veis que vuestra ceguera es maraña sin esperanza, sin encontrar las palabras adecuadas llenas de riqueza con la maestría de camuflar la filosofía?

Así soy, domador de poesía y riguroso cuando persigo las injusticias de la barbarie vileza, ecuánime sujetando el equilibrio del bien y el mal, draconiano, con la osadía del valedor que busca conquista nombrando idiotas a los que murmuran ensuciando la vida. Cada vez me siento más torero, toreando en la real plaza de la mentira, dando pases magistrales a los que sufren orfandad de la verdad, esconden cobardía sin conocer el respeto, suman insensatez, como toro con su cornamenta de miura pelea para perder, sin salida.

Mientras mantenga la valentía de vivir como quiera, seré libre, armado de letras hacia la aventura de recoger enseñanza, sin pensar en la carroña que atrae a los buitres y alerta el hambre de las hienas.

FUERZA DE VIVIR

Poema libre

El viento se lamenta, la mar enfurecida,
montañas que murmuran la libertad;
nos sentimos atados a sociedad extraña,
el bien y el mal, mezclados la humanidad,
el engaño por derrotar, el bien para atrapar.

¡Qué sociedad hemos y estamos creando!
Una supervivencia que se aleja la ilusión
sin oportunidad de democracia, que viste honor,
una sociedad sin amparo con miedo y dolor;
acojamos razas sin mirar su piel mi color.

¿Quién gobierna una justicia digna?
¿Quién para el lobo que se cubre de oveja?
Pensar que somos humanos, ¡es verdad!,
pensar que el mundo es de todos, ¡es verdad!
países, nuestros vecinos hay inseguridad, ¡es verdad!

Imaginar, dar y ofrecer al que sufre de paz,
imaginar, una sonrisa, un abrazo de sinceridad,
el mundo entero demos comprensión con igualdad,
es hora que surja la bondad y poder garantizar,
para olvidar guerras de injurias, que matan.

Aún queda pesadumbre, la mar abierta,
la fuerza de vivir, que esconde su personalidad,
pateras de travesías huyen de su tierra,
cuerpos yertos flotan sin poderlo lograr,
injusticia que no debemos olvidar, países sin controlar.

Para que cada uno logre liberar su tierra,
educar con una batalla existente de unidad,
que círculo de poder sepan extender confianza,
y se gobierne con conciencia libre del mal,
con guerra de ayuda, con nuestra amistad.

Qué bonito sufrir, si en el fondo te sientes feliz,
luchar con merecimiento, dando fuerza de vivir,
lograr anular lágrimas sin poder reír,
borrar un pasado de dictadores con su misil,
lograr la paz armoniosa, dando fuerza de vivir.

Fusil de letras

Poema Libre

El mundo se mantiene en vida de suprema injusticia,
los que pasan hambre, terrorista atrapado en su ideología,
víctimas cayendo en holocausto por la inocencia,
arrebatados por los bandidos con su brujería,
encadenados en tinieblas con falsa filosofía

¿Quién para la sangre en los caminos?
¡Qué paisaje! Dar armas a los niños.
¿Creéis que falta cultura entre nuestros vecinos?
Ya está bien que juzguen sin poder defendernos,
ya está bien de dictadores esquizofrénicos como felinos

Ya podemos hablar con libertad de expresión,
coger el fusil de letras y aclarar la incomprensión,
homenaje de lamento, escritores sacrificados,
guerreros que realzan su poder en los prados,
por desvelar la verdad, amanecen fusilados

Paisaje negro destrozando la humanidad,
mundo que sobrevivimos, su química y maldad,
amenazan ríos y lagos, ¡qué sociedad!
montes quemados, animales sin oportunidad,
personajes sin mente con su gran enfermedad

Saqueadores olvidando nuestro planeta,
que juegan con él como si fuera una cometa,
se refugia de odio sin atener su meta,
resalta el diablo que atraviesa tu propia puerta
enredado por su líder, como criado en alerta

Merodeador rebelde y demasiado pasivo
acecha con frialdad como lobo que caza al chivo,
cansado por encender la llama como primitivo
inicia su cometido, manteniéndose muy activo,
sembrando dolor sin encontrar zona de cultivo

Recordarles a los injustos pecadores viles
que el mundo seguirá acabando con los crueles,
su religión de engaño, llevando falda o pantalones,
que el bien reunirá sus legiones de ángeles,
para eliminar su raíz, derribando mástiles

Para que el viento no le acompañe en violencia
y los niños puedan jugar con su propia fantasía,
para no ver ni oír llanto de guerra, de burocracia,
la ambición de poder no manche de sangre la poesía,
ni círculo alguno marque su propia sentencia

¡Qué bien vendría un ángel que cumpla honor!
Caza-recompensa de todos los que guardan rencor,
obteniendo como premio la paz, ¡unidos con valor!
saciar su insaciable malicia, mostrar con ardor
que se puede vivir y, sentirnos libres sin temor

Romper las cadenas del mar y aclarar la realidad,
controlar a todo aquel que domine la crueldad,
dar ejemplo para comprender que existe felicidad,
que podemos educar, y eliminar con bondad,
cubriendo un sueño de democracia y libertad

Gracias, Cervantes

Lira

Soldado encarcelado
vuela su encanto por la mar abierta,
Quijote liberado
la memoria despierta,
batalla con gracia se siente retado

Se evade amparado
de gran escudero, siempre con vista
se muestra rodeado,
de magia conformista
crea la valentía ilusionado

Realza de entusiasmo
locura de imágenes, su careta,
se rinde respetado
unido a la veleta,
cogido de hilo vibra concentrado

¡Gracias!, habernos dado
la prosa sangrando tu letra rota,
lamento refugiado,
gracias a la gaviota
que te dio la pluma, que has besado

Sonrisa de primavera

Prosa poética

¡Callad!, lenguas extraviadas, tan solo sois insoportables y agobiantes moscas, callad y, contemplar lo que le escribo a la mujer más bonita, ¡silencio!, para no espantar la inspiración que suscita, concentrándome en su esencia de mujer con aire de princesa. Aviva mi espíritu de guerrero entre el sombrío del olvido, con la furia de un huracán.

Reina de valles y praderas, musa de mi prisión al verla tan esplendida inmaculada, sustenta la magia que necesito para hurgar entre palabras y, formar este poema con el arte del romancero, ser un caballero ante una gran dama que domina la elegancia de la rosa, con su linda cara impoluta lavada en el manantial de lágrimas, de ángeles bellísimas que lloran de amor y alegría, ojos lúcidos de tierna mirada y, una sonrisa de primavera que siembra armonía por donde pasa.

¡Callad!, mentes dislocadas, ¿no veis?, que me quedo sin tinta en el tintero porque no hay letras suficientes para expresar lo que siento, que puedo mantener mustio una derrota abatido, huérfano por su ausencia, encerrado en mi morada coronado en soledad para escribirle lo más hermoso, con el canto del búho en la ventana enamorando a la luna.

Quisiera ser su pajarillo para cantarle cada mañana en su despertar, su almohada para que repose su descanso y, tenerla junto a mí toda la vida, ser la sombra de su compañía. ¡Silencio!, amigos míos, aunque termine no dejaré de quererla

GUERRERO

Poema libre

El arte hace caballero de tu creencia
cubierto de niebla sin transparencia,
caminas como guerrero con armadura
de la desconfianza y, sin fiarte de nada

He aquí mi Dios el ejército hecho de tinta,
he aquí tersa heroica que en mí sustenta,
un pobre emprendedor, con vista de águila
que vive solitario y anda como sobrevuela

Libre reclama una batalla de victoria,
como relámpago azul que anuncia gloria;
jinete que cabalga para hacer memoria,
sin fronteras trenzando letras que carecía

Soy aquél que camina con esperanza
y, fruto de semilla abrigada, regada
de magia invisible que une palabras,
oculto sin miedo, en soledad privada

Soy brote de lo improvisto que solloza
energía, chispas de emociones que goza,
con espíritu emprendedor que se realza
ante el poder de justicia, con su balanza

Nacido para reinar

Prosa poética

Anduve en un mundo diferente de los demás, donde me vi realmente lo que quería al ver exultantes letras que jugaban al mi alrededor, pinceles mojados de colores me hacían reverencia, reflejando en lienzo el paisaje de mi rumbo, en un reino repleto de historias y, fantasía que se declive ante mí. Desde ese día tan solo quise ser quien soy, yendo sólo sin miedo al saber que puedo derrotar con frases que hiere a la mentira, versos que enamora con el cantico de la tuna en su puerta y bailar en el jardín del aroma para esparcir la fragancia de un rey, nacido entre la humildad.

Ahora vuelvo al reinado donde el arte me obedece con lealtad seguro de donde piso, con la experiencia de cruzar inhóspitos e inadecuados lugares, para evitar obstáculos que obstruye, y penaliza la moral de la inteligencia. Sé que me toparé ante la crueldad de mentes huecas que no encuentran respuesta, sendero de frondosa maleza que no te guía a ningún sitio, porque los pasos se han perdido en el tiempo de no pisar, aventurarme en él sin mirar hacia atrás con la osadía de descubrir lo que me espera; atreverme a embarcarme en la mar y, dejarme llevar con favorables vientos, comandando el honor en mi travesía.

Caminaré erguido en la muchedumbre escuchando susurros de la curiosidad, seguiré frenando a los que me quieren derrotar al ver que nadie ni nada me podrán parar, con la muerte a mi vera; seré fiel a mis ideas que me conducen a poder soñar con soberana tranquilidad, desnudar la cultura para verla en su esplendor y a la vez vestir la creatividad, con espacio vacío que puedas llenar de obras literarias que retornan para anunciar, que he nacido para reinar

Analfabeto

Prosa poética

Así me siento, analfabeto para seguir aprendiendo al saber que nadie nace sabiendo, ni el ser humano es perfecto que busca la perfección, todos tenemos mucho que aprender y no ser tan conformistas, ni atascarse en mente fija si ver más que un futuro miserable, andrajo dejado de la mano del hombre o, decrépito cansado de no haber hecho lo que hubiese querido, al ver pasar su tiempo sin dar fruto; nada tengo, pero nada quiero que no pueda vivir sin ser yo mismo, mantener la sencillez de mi procedencia con orgullo de emprender un mundo propio, sin olvidar que la mente piensa por sí misma y debemos estabilizar cada pensamiento sin dejarte llevar, ni alejarte de la realidad.

Ufano que se lo han dado todo con soberbia de mirada que reta, para que agaches la cabeza ante un busto gélido sin expresión, y tan solo es un lelo que no se valora en persona, por eso prefiero ser un incomprendido en la lucha, que un comprendido sin batalla creyendo que lo sabe todo y, no sabe nada, como el héroe que descansa en el averno y el cobarde escribe la historia; la enseñanza es primordial para poder educar a los que se encuentran inmersos en la ignorancia, y la sabiduría jamás debe caer en manos de individuos escabrosos, pues serán bestias que manipularan las frases a su veneficio al igual que pasó con la Biblia, un libro formado de pocos manuscritos que hallaron de las amistades y seguidores de Jesús el crucificado, añadiendo a su antojo lo que ellos quisieron, hasta le ponen nombre para hacer un reino de oscura patraña, ocultos sin procrear han creado una sexta totalmente perversa yendo de filántropos. Dios no consiente a picaros predicadores que lleven a las personas como simple rebaño, aprovechándose y ocultando sus delitos de pederastia, años sin control de crueles castigos sin reparar. No guiaros por la falacia que os conduce a la esclavitud de su tenebrosa voluntad

LA ABUELA Y LA ARAÑA

Quinteto

De bebé a la vejez pasa la vida,
derrota destino, lo ve cumplido
con grandes recuerdos sin hacer ruido,
ríe al compartir amistad dolida
y sueña despierta…, la flor se ha ido

Se marchita la malva sin el prado,
borra deseos, se siente atrapada,
presiente la ultima hora de su entrada,
cabello blanco de respeto anunciando,
huella que rige la última cruzada

Teje que teje araña entrometida,
polvo sin plumero esconde su nido,
ella se da cuenta del tiempo vivido
sentada en su mecedora muy tímida,
se le derrama llanto de despido

Ventana entreabierta, como cerrada,
el viento la golpea con enfado
y, balancea su asiento privado;
teje y teje peluda apropiada,
no dejes de tejer murmuro del pasado

La hija del hortelano

Quinteto

Pimiento arrugado y cebolla podrida, es el hedor de su cuna,
rodeada de tierra que el holgazán no labra, si no campesinos
de sol a sol con su sudor, por un sueldo miserable de esclavos,
para criar a sus lechones, que son peores que la misma sarna.
En política gobiernan con dictadura ruin, los crueles sibilinos

Tan rastrera la muy sinvergüenza y tan mala como la hambruna,
abusa del poder la momia arcaica, escondida entre los políticos
aducida la lacaya para cometer su diablura, susurran los olivos;
sigilosa víbora que sacrifica al más débil, la burra que rebuzna
su infelicidad. Viste su fealdad jugando con la moda y diseños

Intenta matar la cultura con su mal olor, la horrenda hortelana,
resabiada de los amores que huyen sin complacer sus servicios,
muñeca de trapo y, bisutería barata que se le acaba los caminos.
Porcina que ha mamado mala leche con su rostro de palangana,
recogiendo lo que ha sembrado, tempestad con ira de enemigos

Para la eternidad este traje de letras con las medidas de una rana,
para ti y, que puedas croar y croar, atraer con reclamo a tus sapos;
con todo mi cariño te lo dedico, por ser la madre de los demonios,
porque necesito desahogar la injusticia como juez que te condena
y, al saber que eres la trampa de fría maldad con vientos agresivos

La muerte

Quinteto

Quedo con estupor el silencio que guarda,
siempre a mi lado como sombre adherente
al asecho de caer en su nombre, de repente;
¡ay!, mi amiga que calla siempre enfadada
con deseo de arrebatar, y apagar la mente

Tenerte miedo es ser un cobarde en la vida,
reconocer que existes y, vivo para conocerte
entregado en versos que viajan hasta tenerte,
enmudeces mis sentidos en vuestra cruzada,
la ley de vivir y morir con el fin de poder verte

En la oscuridad arrastrado hasta vuestra vereda
cubierto de fe, escudado por Dios cada instante,
dejar huella de mi presencia para reinar el arte
de la semilla cultivada, con la magia concedida
que fluye pureza, energía que supera lo excelente

Te espero con arrojo, invisible desconsolada
para descansar en un recuerdo eterno, la muerte;
venceré mi batalla aunque esté contigo y la gente,
por haber sembrado veracidad en mi morada,
y, haber sido quien soy, acompañado de suerte

La quiero a morir

Prosa poética

Anclado en la angustia sin poder respirar al pensar que se ha ido y no sé cuando volverá, ¿qué puedo hacer?, si nada me consuela totalmente tétrico sin querer vivir, meditabundo en el fiasco de la vida encarcelado en un mundo que atrapa, teniendo a mi vera el expirar que me llama sin preguntar, ¿para qué seguir viviendo?, si tan solo vivo para ella y hasta las letras agonizan al ver el sufrimiento de mi condena, porque la quiero a morir abatido en zozobra, se ha marchado dejando un vacío con amargura sin saber si podré controlar la inesperada locura, que llega y no avisa.

La buscaré, aunque tenga que adentrar en fronteras y, pasar por abruptos terrenos enfrentándome al frio, hambre y sed de la mujer que sacia mi pesar; debo de encontrarla, a sabiendas que puedo dejar el último aliento en cualquier lugar, porque vivir así, es sentirte estatua abandonada sin hacer nada soportando callado bofetadas del temporal o, como viajero derrotado sin equipaje que no se decide donde va. No me cansaré de amarla, ni de escribirle para desahogar añoranza de su ausencia, ¿para qué vivir?, si me da igual morir, antes que no tenerla

TÚ ERES MI PRIMAVERA

Ovillejo

Estamos en la estación de mil colores
Con sus flores
Ella es divina como la alegre primavera
A mi vera
Quererla es el dolor y calvario de la pasión
Dando ilusión
La adoro encadenado a su latente corazón
y, tan solo me consuela tenerla como mi flor, bella impoluta
que me arrodillo por su amor;
olvidarla, es un vacío que lleva a la perdición

Llora la guitarra por Andalucía

Poema libre (homenaje a Paco de Lucía)

En los campos de mi tierna tierra
se siente un sonido, una guitarra llorar,
es un niño que quiere aprender a tocar,
abrazada a ella, consuela su amistad

Duende de tablados el mundo le espera,
sencillo maestro con sus notas, Paco de Lucía,
resalta delicias con sus dedos y cuerdas
que goza abrazado, entre curvas femeninas

Llora la guitarra española en la marisma,
despierta las serranías por bulería,
juega entre sus manos con una sonrisa,
cerrando los ojos, se siente querida

Abrazada con cariño, se escucha divina,
al calor de hogueras y danzas consagradas,
arranca el flamenco a la luz de la luna
con arpado de voces hasta despertar el día

Canta el clavel que adorna la guapa gitana,
llora el vestido de lunares en la fiesta,
canta el vino que brinda y se derrama,
llora la guitarra por Andalucía

Flamenco embajador que logra su meta,
los caminos te abren las puertas,
camina tranquilo, camina con felicidad,
sublime maestro; anda Paco, anda Lucía

En los campos de mi tierna tierra
se siente un sonido, una guitarra llorar,
es un hombre que ha aprendido a tocar,
abrazado a ella, consuela su amistad

Luna gitana

Serventesio

Ay luna, que tú eres como ninguna,
ya no escucho el cantar de los pájaros,
tan sólo una voz como de sirena
con sonido de la mar y de barcos

Sabes que te admiro dando mi pena,
que te cuento en soledad los secretos,
al ver tu blancura desde mi cuna
creciendo a tu lado, lleno de versos

Cada noche sueño en verte divina,
pensar que te observo hasta en arroyuelos,
inédita te encuentras muy serena
ofreciendo claridad y murmullos

Salero, mi niña luna gitana,
por ti suspiran y mueren los vientos,
mi linda gitana, guapa morena,
hermosa que domina pensamientos

Luciérnaga que ilumina muy tierna,
mi luna mimada muero de celos,
del espejo que semeja tu doctrina,
las nubes, que te arropan como velos

MADRID

Romance

La noche oscurece al sentir sirenas,
el ladrón de calle asesino suelto
dejan marca en la ciudad espléndida,
donde nadie, no se fía de nadie;
el gusano metálico despierta
y desplaza humanos a sus destinos
con grandes vagones como barriga,
parando la bestia en las estaciones
con raíles que ruge en la oscuridad,
avanza con respeto hacia el futuro
la máquina de riqueza en la ciudad.
Parlanchines comedores de mentes
que logran excitar con sus palabras,
actores con su papel y teatro
agrupados prometen tranquilidad,
enfrentándose por defender cartel,
siendo Madrid el centro de su gracia;
corona de nobleza consagrado
rebosa sencillez y muestra bondad,
corazón noble, trono de lealtad
reluce libertad con gran respeto,
sabiduría de paz en España,
que sabe reír, convivir con reptiles,
encasillado a defender la patria,

y pueblo de rastreros maliciosos.
Madrid, limpieza de calles y plazas
con la belleza de sus inmensos parques,
da refugio y calor durante el día
a los inmigrantes, se sienten libres,
esculturas sin respirar tranquilas
rinde honor a museos y misterio,
inmortaliza historia, de artistas
dando vida, imagen de sufrimiento
al recordar su gloria de leyenda,
velan en la naturaleza yertos.
Madrid llora a defender democracia,
se ríe al ser núcleo de salero,
Madrid, ilustre venero de estancia
ofrece romance al poeta muerto

Yegua presumida

Prosa poética

No escondas lo que llevas dentro Chaconsito, pues son tus genes que arrastras desde mocoso sin poderlo evitar, con tu propia faz de insulso, te lo dice un amigo que te ve como un perrito lameculos, con un fuerte temperamento de falso

Sigue así pedazo de rastrero, tan solo eres niñato dictador que guarda su plumero, soez malicioso que sacrifica la cultura guiada por un ser enfermoso, inquisidor oscuro te vendes como mercadillo barato, paseas como perra en celo con sonrisa de payaso

Alcalde o, alcaldesa que no se decide el Chaconsito, de ponerse bragas o tangas, con su bikini de manso conquista moviendo la cintura sintiéndose orgulloso; yegua presumida que refugia en su casa, a su machito, presume con sus ratas concejales sintiéndose grandioso

Eres y serás el cobarde que no aclara su sentimiento al pueblo con pavor, ya que se lo han ganado a pulso la libertad de caminar y, amar sin esconderse, miedoso; Pilatos que le dices al espejo, ¿quién es el más bonito?, sin ver tu alma, ni el corazón de porcel tan ¡Asqueroso!

MALÉFICA

Ovillejo

Con la vara que serás medida
Engreída
Vasallos que alimentan su mentira
¡Por su ira!
Lameculos políticos de una inmunda
Nauseabunda
Se cree que puede jugar con mi vida
como simple juguete para verme hundido,
por rechazar el mal olor que surge de su nido
de dictadura y falacia, ilusiones que inunda

Obsesión

Ovillejo

El rencor es la cuna que mese el mal
¡Animal!
Sin cura para sanar su enfermedad
Infelicidad
Arrastra rabia sin poderse controlar
Sin poder volar
Aduciendo a idiotas, para poder jugar
su juego incrédulo y maquiavélico.
¡Déjame en paz!, busca otro muñeco
donde tu poca vergüenza, puedas saciar

MALDICIÓN

Ovillejo

Sombra rapaz sin nombre yendo con brujería
¡Arpía!
Se esconde en sus tinieblas como una urraca
¡Maléfica!
Obsesión de duelo que acribilla su corta mente
Le miente
Arrastra su maldición con el hedor de la muerte,
sin encontrar satisfacción al no aceptar la realidad,
de que soy libre como el aire, para amar en libertad
sin querer el veneno letal, que lleva como serpiente

MI PALOMA

Prosa poética

Vuela paloma mía, deseo que te alejes de los espectros que gobiernan la blasfemia con sus traicioneras lenguas, perros que se arrastran envenenados de envidia sin soportar el bienestar de los demás; vuela amada mía, pues hay gente que no se enteran que soy dueño de mi propia vida, para combatir con rigor y vigor el arte que corre por mis venas amparado en la filosofía, educar a los tontos que van de listos sin encontrar honradez de ser dignos, en la sociedad.

Ay paloma, bien sabes que llevo en el corazón la nobleza de un rey, soportando aún el peso de la corona de espinas impuesta por la crueldad; aléjate de la ignorancia que caminan con mente bacia, y ve en busca de trigales donde anide la alondra, donde se halle el sentimiento de amar sin que exista enemistad y, vuelve en mi busca antes que las monedas sea la traición, el gallo cante la falsedad, y el calvario señale mi muerte, antes que la cruz sea el peso del dolor de la injusticia.

Ooh paloma de mi pasión, he atrapado la luna tan solo para ti, para que sea tu espejo y así pueda verte cada vez que la mire; volar juntos hacia la aventura del eterno amor, construirte con esmero el nido de hilos de oro rellenado con los mejores pétalos de rosa y, emprender entre los dos la aventura de la felicidad.

Acompáñame en el vuelo hacia el sendero de la sabiduría y abracemos juntos al mundo con nuestras alas abiertas, mostrando que se puede amar y respetar sin soberbia, porque nadie es más que nadie sin guerras que suministre la violencia, caminemos entre la tempestad del engaño que están sujetos al mal, para valorar el bien que lucha para ganar en una batalla sin igual. Ay paloma de mi vida quiero que seas testigo de una nueva era, donde la amistad se ha convertido en interés, aumentando la picardía sin conciencia, donde el mas fuerte no deja crecer la hierva con su avaricia, alimentándose de la inocencia.

Vuela mi paloma, no dejes de volar y anunciar que mantengamos la unión para fortalecer la amistad, la paz como símbolo de tranquilidad, vuela paloma mía, no dejes de volar

Esencia de libertad

Prosa poética

Que despierten las trompetas con sonora gloriosa de libertad, iluminen rayos de tormenta con tridentes truenos, para anunciar que no hay insensatos para frenar lo que se me ha otorgado; que suenen las campanas del campanario con eco supremo para trasmitir el nacimiento de un bohemio que fabrica versos y, frases en combate ganando la libertad de expresión, arropado en democracia. Que redoblen los tambores de mi ejercito de letras, pues seguiré comandando mi destino entre sujetos que no merecen llamarles personas, si no alimañas.

Mientras mantenga la esencia de libertad me sentiré libre en espíritu y alma, tener la vitalidad y el arrojo suficiente para evitar los obstáculos de la vileza, merodean como hienas a esperas con frialdad la debilidad de su presa, caminaré entre las ascuas incandescentes del rencor encadenados a la infelicidad, sin olvidar que no tiene final el castigo sometido por su propia intranquilidad.

Que canten y bailen los dioses del universo, los ángeles me acompañen, porque continuaré como águila en el cielo y león en su terreno, memorizar a los incrédulos que no hay espécimen que pueda detener la osadía, y furia del que se alimenta de magia, la imaginación es su defensa escudado por la providencia y, la valentía de seguir en batalla, como guerrero poeta

Muerte sin alma

Quinteto

Entre las calles se mueve ambulante,
sin conocer la edad tranquilo lo suelta,
de apodo camello, polvos sedienta
por apresar juventud dando muerte,
noche en fiesta sin conocer la puerta

El humano y tentaciones sin vista
se desprende de su espíritu fuerte,
le conquista extasiado, que promete,
con el veneno hasta que le revienta,
cadenados, víctimas sin la suerte

Débil, personalidad que le miente,
sin escrúpulos su cuerpo arrebata
y satisface su nombre, "drogata",
que arrastras tu pesar sin poder verte
guiado por ella, como gran idiota

Mente sin alma, neuronas revienta,
nubes en calma, guadaña impaciente,
por cumplir te abraza como paciente,
enfermos que ambula dando la lata,
en cada esquina le espera la muerte

Otra copa, camarero

Poema libre

Garganta empapada brindo muy sobrio,
salud me acompaña de turbio en oro,
uva machacada fermente el tesoro,
una copa y otra, saboreando un buen vino

Falta hace para superar mi taciturno
al contemplar la mujer que me ha encantado,
al ver como se marchita sin tenerla a mi lado,
el dolor me ahoga, pensar que no siento su latido

Otra copa camarero, del mismo vino,
que alivie aguantar la pesadumbre que vivo,
guerras sin acabar y siembran miedo,
sin vencer el hambre que queda en el mundo

Otra copa, otra camarero, del mismo,
hasta que pague te tendré como amigo,
disculpa por aguantar las tonterías que digo,
pero esta vida es fría como el mismo hielo

Por eso bebo, para calentar el ánimo
y, sonreír a la tristeza con optimismo,
otra con salero, otra del zumo exprimido,
mientras que pague, te tendré como amigo.

Revolución de letras

Cuarteto

Alzar vuestra tinta letras de valor,
mostrar cariño con toda pasión
cubriéndonos en cadena de unión,
ofrecer la semilla, nuestro calor

Dar la verdad sin reparos ni miedo,
ser libre para hablar sin retención,
volar en busca de imaginación
y saber desenvolver el enredo

¡Poetas!, dad al viento suspiros de amor,
sembrar espigas de paz, de ilusión,
demos la vida por la incomprensión
con escudo de fe, sin ningún temor

Honrar memoria de los fusilados
que ofrecieron orgullo en discreción,
en las sombras de oscura tentación
de poemas con su sangre apresados

Cultivemos versos con su aroma en flor,
compartir amistad sin rebelión,
se puede ganar con educación
sin mantenemos el jardín, nuestro olor.

SÍMBOLO DE MUERTE

Serventesio

Cuando despertará el humano ¿Por qué aún siguen robando por la sensibilidad del propio sentimiento?

Débiles todos aquellos que caen en la trampa de un idealismo falso llenos de ambición, mensajeros de la mentira, una unión de absoluto misterio que induce su tentación con blasfemia cubriéndose de un símbolo de traición y muerte, arrastrando la ignorancia el sufrimiento de una época creando el castigo letal como la cruz, para dar ejemplo del miedo en dictadura que aún se benefician de ello; llevan siglos que se aprovechan de su ingeniosa y, protervia manera de cazar las mentes.

Amigos míos no quiero que me creáis, si no que por una vez os paréis a pensar, recapacitéis ante la realidad mirándoles como embarcadores que juegan de nuestra sensibilidad; ya es hora de despertar y nos podamos enriquecer de la verdad, fortaleciendo nuestra mente en sabiduría sin ningún pavor, más tarde o más temprano venceremos, y como gratitud lograremos la liberación de la inocencia de su engaño, que nos han sometido con sus arcaicos artilugios y crímenes.

Os imagináis que a Jesús lo matan en Francia en época de guillotina y ellos la muestran, y la pasean por todo el mundo inculcándonos que tuvo que morir por nosotros en esa cruel hoja afilada.

Imaginaos a Jesús en esta época ¿Creéis que vacilaría del dolor que llevó y mantuvo flagelado hasta el calvario? Por favor hasta donde podemos llegar.

Os imagináis en la fundación de García Lorca un fusil o en su tumba, y ellos nos intenten infundir, que para ser salvados en nombre de Dios debemos de adorar y mantenerlo consagrado, sin pensar que nadie quiere ser fusilado; ¡qué barbarie!, que juego tan horrendo y, perverso el que venera y alaba un símbolo de muerte

Siglos de individuos y dictadura,
época sin escrúpulos y muerte,
herencia de esclavitud y tortura
les atemorizaban a sus gentes

Reinados de siluetas sin cultura,
falsos dioses que complacen su mente
de leales verdugos, aún perdura
eco, latigazos al penitente

Oscura sotana, sombra criatura,
la crucifixión entre el gran monte,
símbolo de traición con amargura,
roban incomprensión con bastante arte

Nos venden su religión y, locura
de régimen absurdo, y repelente,
fortalecen por lamento en madera
de la sangre que se quedó presente

¿Creemos que Jesús, si estuviera
aquí llevaría el dolor que siente?
¿Llevaría guillotina, una hoguera?
¿Se pondría un fusil como colgante?

SINCERIDAD

Poema libre

Sentado en su orilla la ola me acaricia,
cae la noche y la brisa me da esperanza,
refresca las ideas para seguir la batalla,
entre demonios que merodean con lengua
muy afilada, envenenada con mala mirada

Me persiguen los que ponen buena cara
y, por las espaldas me lanzan la pedrada,
hoy aquí en página abierta y despejada
sonrío al pensar que me queda sabiduría,
afrontar el tiempo con sosegada paciencia

Juzguen al pensador que no tiene nada,
tan solo un don concedido dando las gracias
por sentirme feliz al ver su mente engañada;
solo busco tranquilidad para poder olvidar
el daño que hacen perjudicando a los demás

Perdono por que quiero ser perdonado y sanar
la conciencia, purificar el espíritu hasta el alma,
soy maestro de mi mismo, alumno de presencia;
lo mismo sé reír, sollozar cubierto de lágrimas,
y, me enfado cuando busco lealtad en la justicia

Siento el amor como el ruiseñor con su cantar,
siento la magia cuando a mi lado sé que está
lo invisible, ofreciendo visibilidad por subsanar
y, velar mi personalidad para poder controlar,
lo necesito como la planta que vive de la savia

La sinceridad reúne todo lo que puedo dar
como el viento libre sin poderlo atrapar,
como tormenta que explosiona mi voluntad,
como la lluvia que empapa la tierra y, alivia
mis pesares, deja humedad para poder respirar

A veces quisiera dejar la vida para no pensar,
acabar de una vez con todo lo que me rodea
para no ver ni sentir el engaño de la vida.
¿Quién controla mi herida que no puedo cerrarla?,
pensar que el poeta sin dolor, no es poeta

Soneto a mi manera

Soneto en lira

Mi inquietud se revienta
por formar las frases como bandera,
mi mente se lamenta
de leyes y barrera,
dueño de escribir sin tener frontera

Gasto tinta sedienta
que organiza mis letras sin carrera,
inédita sustenta
personalidad bastante sincera

Cerebro se alimenta
de la memoria sin ver mi ceguera,
la métrica contenta

Soneto a mi manera,
rareza de locura, ¿qué me espera?

LA ROSA

Soneto libre

Tranquilo caminaba y relajado,
con su fragancia me dejó atontado,
por su fuerte olor fui atraído
al ver el rosal me quedé asombrado,
al ver un capullo, la perfección
del dibujo dando inspiración,
con agradable aroma y bendición,
iluminada como aparición.
¡Pequé! Para mantenerla a mi lado,
con fuerza su espina en mi dedo
al romper el tallo fui sangrado.
¡Me enamoró! Lleno de tentación
por su belleza, con la sensación
de llenar el vacío de mi corazón

Mi Santa Virgen

Soneto (homenaje a mi Madre)

De su vientre nace mi sentimiento,
de su furor el llanto dando vida,
quedando frágil se siente rendida
por su gran esfuerzo, mi nacimiento.

Santa madre, mi inmenso monumento
que sana con su presencia mi herida,
saber que aún la tengo concebida
gozo de alegría en todo momento

al contemplar su cara de dulzura,
al notar su manto, mostrando calor
sintiendo su regazo y, ternura.

Reconozco cobardía sin valor,
la cuna de mi pena, de amargura,
pensar que la pierdo, muero de dolor

Tinta y amor

Cuarteto

La chispa del latido y de consuelo
logra domar esperanza al despertar,
hablo con las estrellas sin contestar,
enamorado, callado miro al cielo

y, ser ave para buscarla en el vuelo,
noto el latir que me alivia con tinta,
respeto al pincel que su cara pinta
destacando su largo y lindo pelo

Tinta y amor sincero, sin tenerlo,
letras tristes que siguen sin encontrar
la calma, colmena virgen sin castrar,
pureza que añoro sin poder verlo

Decencia cubierta de claro velo,
figura que respete su malestar,
para lograr la inmunidad sin vetar,
orgullosa de su blanco pañuelo.

UNA MALA TARDE

Poema libre

Troca la mariposa quedando desnuda,
el estío anuncia la llegada de chicharra
dando la lata sin parar en la siesta adorada,
existe oquedad dentro de mis entrañas,
cansancio, quisiera descansar en mi cama

La mosca pesada se guasea con sus alas,
una vez y otra, tan fea y asquerosa
que sigue y sigue sin poder atraparla,
¡qué tarde mas horrenda que me espera!,
troca la mariposa quedando desnuda

Los vecinos discuten en tono de voz alta,
para colmo los niños golpean mi puerta,
¡qué tarde más horrenda sin esperarla!,
el perro que ladra, la abuela que llora,
me dan tormento en la siesta adorada

Portazos y más portazos, continúa la reyerta,
la pegadiza mosca aún no me deja,
que tarde mas horrenda sin poder evitarla,
loco me vuelvo sin encontrar respuesta,
troca la mariposa quedando desnuda

Mi amigo me molesta creyéndose
una flor, sin evitar el gran desenlace,
palabras y palabras, que mala tarde,
lo inesperado sin esperarlo le surge
lo que lleva dentro, tentando sin suerte.

Carta de amor

Prosa poética

Desde la distancia veo una apariencia estelar entre las estrellas, venida de la galaxia, muy especial con destellos fabulosos que deslumbra el rostro de una diosa, rendido a sus pies de tanta grandeza.

Te escribo esta carta para decirte que en el firmamento está puesto tu nombre formado de luceros, porque no puedo más con el continuo dolor y, temor a que se haga perpetuo por quererte tanto, y de no poder verte, a que se seque el pozo de lágrimas sin poder desahogar la pena, paralizado en paciencia sin querer llegar a la locura que atormenta; sé que, si no existieras tampoco existiría la poesía, ni yo estaría con el corazón sangrando estas letras de amor, sintiéndome centinela y guardián de vuestra hermosura.

Ay vida mía, sé que puedo caerme y levantarme tantas veces pueda, combatir con gallardía en mil batallas, viajar con la imaginación para verte y, ser feliz, lo que no puedo es con la agonía de vivir sin ti, al saber que eres diamante tallado por el roce del aire con el aroma de azahar. Ahora amor de mis pesares, mi corona reposa sosegada llena de ilusión en el trono de la espera, para volver a ver lo más lindo de este planeta coleccionando sueños donde tú estás de protagonista.

Te confieso que he sido y, soy rebelde con causa de tanta injusticia, señalando a vasallos que traicionan sin piedad como mascotas o marionetas.

Cartero fiel y leal, darle esta carta en mano, y trátala con respeto porque es mi tesoro más preciado, sin ella prefiero la muerte antes que la vida, porque viviría como árbol sin savia o, como arroyo sin agua.

Me despido alma mía con el recuerdo sin querer olvidar, que siempre serás un bombón sin envolver con un dulzor en la sonrisa que disloca, espero que recibas esta carta sin espinas como una agradable rosa.

Un cordial saludo, preciosa

Amor

Prosa poética

La palabra más sabia del mundo léxico, reúne todas las cualidades de sensaciones que se unifica con las emociones del sentimiento, adherente a la amistad enlazada a la deseada paz, construye sensibilidad sin existir lo malévolo; el amor por la naturaleza y, por la fauna animal que huyen del ser humano, debemos de cuidar el paraíso donde habitamos que poco valoramos a sabiendas que hay dementes pirómanos, explotadores de terrenos con la desforestación de su poder obsceno, cazadores furtivos sin remordimiento.

Amor a la vida hasta que tan solo sea un recuerdo, experiencia de haber nacido; por eso debemos ser más ecuánimes a la hora de convencernos que tan solo estamos de paso, para saborear la libertad de amar con el corazón abierto, respetarnos los unos a los otros y, sobre todo ningún pudiente tiene derecho a invadir terreno ajeno, para crear su guerra absurda, dejando llanto y sufrimiento pagando los más débiles con su sangre derramada, posando cadáveres como esculturas en el suelo por su mentalidad atroz, del mismísimo demonio.

El amor sin distancia ni fronteras, guiado por la curiosidad de encontrar al ser amado cubierto de pasión, cargado de ilusión y, versos que pueda decírselos con susurros al oído, creyendo que sin ella tan solo diviso el sendero del olvido, totalmente perdido. Unión del mismo sexo caminan sin ataduras donde se valora la democracia, sin miedo ni tapujos para romper barreras hacia la aventura de la felicidad, en una sociedad cada vez más concienciada de que todo ser humano tiene derecho de amar a su manera y, las dictaduras sean ignoradas, avanzar erguidos con la cabeza alta sin censura en el amor; ay el amor, creyendo en lo que haces queriéndote a ti mismo, poder ver la luna dormida entre el brillo de las estrellas, mientras despierto la poesía entre en cantico del ruiseñor y, el búho enamorado de su blancura, le recita mis versos. Ay el amor

¿QUÉ ES POESÍA?

Prosa poética

El latir de frases y versos que componen el acompañamiento de la rima, mecer el sentimiento en la profundidad de la furia con el aliciente de sentir, trasmitir la belleza para hallar la conquista sin asumir el entierro del fracaso, soportar el chismorreo que llega como remolino desorientado y sin rumbo, critican llenos de ira para hacer daño queriendo herir la honestidad del poeta. Sufrir el amor y, enriquecer el espíritu pensando que, es ella la que mueve las letras y reaviva el motor de la vida, maneja los hilos del trovador como marioneta dejándose llevar para plasmar, y definir ¿Qué es poesía?

Arrastrar incomprensión con el escenario de la pobreza, aventurero en busca de la imaginación para evadirse de la miseria, fortalece los sentidos guiado por la energía positiva y, decirle adiós a los malos momentos alejado de los impuros, dominar con rigor la poesía como arma elemental para callar, y vencer con suspicacia desde la distancia, a sabiendas que es la raíz de la literatura que, sostiene dolor de la melancolía con el furor de la bestia, maquillando la sensibilidad sujeto a la historia. La soledad su fiel compañera que nunca traiciona, acompañado de ilusión para no rendirse y batallar contra las perversas sombras, cautivo en un mundo donde predomina la magia con la providencia de lo invisible, que dicta las palabras.

¿Qué es poesía?, caricias de letras, cuando engalanas a la mujer cubriéndola de poemas salidos de su mirada, enriquecida de ternura con el encanto de una dama; lamento y angustia, fricción y alegría, así camina el gallardo poeta hacia el espacio infinito, de la inmortalidad.

Índice

www.ingramcontent.com/pod-product-compliance
Lightning Source LLC
La Vergne TN
LVHW041230150826
845673LV00008B/2345

* 9 7 8 8 4 1 0 0 7 6 0 4 4 *